Notizbuch

Study like a Pro

"Study like a Pro" bietet Dir das einzig wahre Notizbuch mit dem original

Design für mehr orientierte Flexibilität. Deinen Gedanken, Ideen und Plänen sind durch die unauffällige Strukturierung der gepunkteten Seiten keine Grenzen gesetzt. Nutze den Platz wie es für Dich am Besten passt. Mit der Anordnung der Punkte im Abstand von 5 mm kannst Du Zeilen gerade anordnen, Diagramme zeichnen und Deine Notizen besser strukturieren. Auf jeder Seite kannst Du zudem in einer gesonderten Kopfzeile Deine Einträge benennen, dadurch noch besser den Überblick behalten und das Pro-Notizbuch zu Deinem Buch werden lassen. Mit diesem Buch als Deinem täglichen Begleiter wirst Du jede neue Information sicher verwahren und keine wichtige Idee mehr vergessen. Halte jetzt Deine Gedanken fest und ...

Notiere für Deinen Erfolg!

Für Verwendungsbeispiele des Pro-Notizbuchs, zusätzliche Informationen und Tipps für ein erfolgreiches Studium besuche die Internetseite von "Study like a Pro":

www.study-like-a-pro.de

Hast Du Veränderungsvorschläge oder Anregungen das Pro-Notizbuch noch besser und effektiver zu gestalten? Dann melde Dich unter folgender E-Mail-Adresse:

kontakt@study-like-a-pro.de

Bibliografische Information der Deutschen Nationalbibliothek:
Die Deutsche Nationalbibliothek verzeichnet diese Publikation in der Deutschen Nationalbibliothek; detaillierte bibliografische Daten sind im Internet über https://www.dnb.de abrufbar.

Ich versichere, dieses Werk mit größter Sorgfalt erstellt zu haben. Trotzdem sind Fehler leider nie ausgeschlossen. Autor und Verlag übernehmen keinerlei juristische Verantwortung oder irgendeine Haftung für eventuell aufgetretene Fehler in diesem Werk sowie deren Folgen. Für Hinweise auf Fehler wende Dich bitte an: kontakt@study-like-a-pro.de

Dieses Notizbuch gehört ...

Name:

Telefon:

Adresse:

Hochschule:

Studium:

Kontakt: